Os Meus Deveres

Obras do mesmo autor

Manual Prático do Professor de Catecismo Espírita
O Orador Espírita
52 Lições de Catecismo Espírita
O Evangelho dos Humildes
A Mediunidade Sem Lágrimas
O Espiritismo Aplicado
O Evangelho da Mediunidade
O Evangelho da Meninada
O Evangelho das Recordações
O Livro dos Espíritos para a Juventude
Vidas de Outrora

Eliseu Rigonatti

Os Meus Deveres

*Para com Deus, para com a Pátria,
para com a Família*

O LIVRO DA JUVENTUDE

EDITORA PENSAMENTO
São Paulo

Copyright © 2001 Herdeiros de Eliseu Rigonatti.

Todos os direitos reservados. Nenhuma parte deste livro pode ser reproduzida ou usada de qualquer forma ou por qualquer meio, eletrônico ou mecânico, inclusive fotocópias, gravações ou sistema de armazenamento em banco de dados, sem permissão por escrito, exceto nos casos de trechos curtos citados em resenhas críticas ou artigos de revistas.

O primeiro número à esquerda indica a edição, ou reedição, desta obra.
A primeira dezena à direita indica o ano em que esta edição,
ou reedição, foi publicada.

Edição	Ano
1-2-3-4-5-6-7-8-9-10	02-03-04-05-06-07-08

Direitos reservados
EDITORA PENSAMENTO-CULTRIX LTDA.
Rua Dr. Mário Vicente, 368 — 04270-000 — São Paulo, SP
Fone: 272-1399 — Fax: 272-4770
E-mail: pensamento@cultrix.com.br
http://www.pensamento-cultrix.com.br

Impresso em nossas oficinas gráficas.

Sumário

Apresentação 7

Deveres para com Deus

1ª Lição — Nossos deveres espirituais 11
2ª Lição — O próximo; quem é nosso próximo 13
3ª Lição — Dar de comer a quem tem fome 15
4ª Lição — Dar de beber a quem tem sede 18
5ª Lição — Recolher os hóspedes 20
6ª Lição — Vestir os nus 22
7ª Lição — Visitar os enfermos 24
8ª Lição — Visitar os encarcerados 26
9ª Lição — Adorar a Deus em espírito e verdade 28
10ª Lição — Devotamento ao próximo 30

Deveres para com a pátria

11ª Lição — A pátria 35
12ª Lição — O cidadão 37
13ª Lição — O governo 39
14ª Lição — O voto 41
15ª Lição — As leis 43

16ª Lição — Os impostos 45
17ª Lição — A liberdade do cidadão 47
18ª Lição — O respeito à propriedade 49
19ª Lição — A sociedade 51
20ª Lição — A solidariedade 53

Deveres para com a família

21ª Lição — A família 59
22ª Lição — O lar 61
23ª Lição — O casamento 63
24ª Lição — Deveres dos cônjuges 65
25ª Lição — O pai e a mãe 68
26ª Lição — Deveres dos filhos 70
27ª Lição — Deveres fraternos 72
28ª Lição — A harmonia familiar 74
29ª Lição — A escola 76
30ª Lição — A religião 78

Apresentação

Pede-me o Editor para fazer algumas considerações sobre meu pai Eliseu Rigonatti e suas obras.

Essa solicitação prende-se à escolha de três títulos que, há alguns anos, estavam fora do mercado e, naturalmente, na amizade que tem sua origem na que unia nossos pais.

Vem-me à memória a antiga sede da Editora Pensamento, com suas escadarias de mármore e seus afrescos aonde, quando criança, eu acompanhava meu pai.

Lembro-me de que, em casa, sua escrivaninha ficava no quarto em que eu e meu irmão dormíamos. Quando acordávamos, ele já lá estava desde alta madrugada escrevendo suas obras, que depois foram editadas pela Pensamento.

O laboratório de onde saíram todos os seus livros chamava-se Centro Espírita Mensageiros da Paz. Um a um, inspirados pelo altruísmo e realizados com muito amor, dedicação e estudos, surgiram: 52 *Lições de Catecismo Espírita, O Evangelho dos Humildes, Os Meus Deveres, A Mediunidade sem Lágrimas, O Espiritismo Aplicado* e outros.

São livros simples, escritos por uma alma simples, para almas simples, sem quaisquer rebuscamentos de linguagem.

Um dos seus momentos de intensa alegria relacionado com seus livros foi quando lhe contei que, estando eu trabalhando num movimentado Pronto-Socorro da capital paulista, aproximou-se de mim um dos médicos responsáveis pelo plantão e perguntou-me:

— Você é filho do Eliseu Rigonatti?

— Sou, respondi.

E ele:

— Diga a seu pai que eu aprendi a ler com as *52 Lições de Catecismo Espírita*, que eu ainda hoje releio quando tenho dúvidas sobre como agir.

Os Meus Deveres aborda todos os temas básicos para o desenvolvimento da personalidade. Os princípios éticos são semeados na alma dos jovens em suas vertentes religiosas, cívicas e familiares.

Enfim, a obra literária de Eliseu Rigonatti traça com clareza a trajetória de um espírito coerente consigo próprio, fiel às suas convicções e que conseguiu sintetizar em seus livros, de modo simples, os sublimes conceitos da visão espírita do Cristianismo.

Dr. Sérgio Rigonatti
São Paulo, janeiro de 2002.

Deveres para com Deus

1. Nossos deveres espirituais.
2. O próximo; quem é nosso próximo.
3. Dar de comer a quem tem fome.
4. Dar de beber a quem tem sede.
5. Recolher os hóspedes.
6. Vestir os nus.
7. Visitar os enfermos.
8. Visitar os encarcerados.
9. Adorar a Deus em espírito e verdade.
10. Devotamento ao próximo, perpétuo cumprimento de nossos deveres para com Deus.

1ª Lição

Nossos deveres espirituais

O criador do Universo é Deus. Além de criar o Universo, Deus criou seres inteligentes para povoá-lo. Nós somos os seres inteligentes que povoam o Universo.

Como seres inteligentes que somos, temos deveres a cumprir.

O primeiro de todos os nossos deveres é o nosso dever para com Deus, nosso criador. Em bem cumprir esse dever consagraremos o melhor de nossos esforços durante a vida inteira.

Em cumprindo nossos deveres para com Deus, nós nos moralizamos, a humanidade se torna virtuosa e as condições de vida na face da Terra, dia a dia proporcionam mais felicidade. Eis por que é necessário que cumpramos nossos deveres para com Deus.

Acontece, porém, que precisamos saber quais são os nossos deveres para que possamos cumpri-los. Vejamos em que consistem:

Nosso primeiro dever para com Deus é amá-lo sobre todas as coisas. Do nosso amor a Deus decorrem todos os outros deveres.

Mas como amaremos a Deus se não o vemos, embora saibamos que vivemos em sua presença e dele dimana a vida que temos?

Amaremos a Deus na pessoa do nosso próximo.

Os nossos deveres para com Deus consistem em amar o nosso próximo como a nós mesmos.

PERGUNTAS

1 — Quem é o criador do Universo?

2 — Quem povoa o Universo?

3 — Quais são os seres inteligentes que povoam o Universo?

4 — Qual o primeiro dever que temos de cumprir?

5 — Por que é necessário que cumpramos nossos deveres para com Deus?

6 — Em que consiste nosso dever para com Deus?

7 — Como amaremos a Deus?

8 — Como devemos amar nosso próximo?

2ª Lição

O próximo; quem é nosso próximo

Quando dizemos nosso próximo, não queremos dizer somente as pessoas que vivem conosco, que pertencem à nossa família, à mesma raça que a nossa, que partilham de nossas idéias ou que falam a mesma língua que nós. Nosso próximo é muito mais do que isso.

Não só os nossos parentes, os nossos amigos e conhecidos, mas também os desconhecidos, e até mesmo os inimigos, são o nosso próximo.

As pessoas que pertencem a raças diferentes, desde as raças mais humildes às mais adiantadas, são o nosso próximo.

Aqueles que se afastaram da virtude, demorando-se nos caminhos do mal, dos vícios e dos crimes, do mesmo modo são o nosso próximo.

O ignorante e o sábio; o rico e o pobre; o são e o doente, todos constituem o nosso próximo.

O nosso próximo é a humanidade; e cada indivíduo que a compõe é nosso irmão, em cuja pessoa cumpriremos os nossos deveres para com Deus.

PERGUNTAS

1 — Quem é o nosso próximo?
2 — Na pessoa de quem cumpriremos nossos deveres para com Deus?
3 — Todas as raças são irmãs?
4 — Por que todas as raças que habitam a Terra são irmãs?

3ª Lição

Dar de comer a quem tem fome

A porcentagem de irmãos nossos que não possuem riquezas sobreexcede de muito a dos que as possuem. E o número dos que vivem beirando a miséria também é muito grande.

Daí concluímos que temos o dever de socorrer o nosso próximo em condições de fortuna menos felizes do que a nossa.

E por que temos esse dever?

Porque Deus ajuda o homem pelo homem. Deus suscita, dentre seus filhos, alguns com poderes para levar o auxílio a seus irmãos menos favorecidos. E todas as vezes em que um irmão que pode mais deixa de ajudar um que pode menos, falta com seu dever para com Deus.

Cumprir para com Deus o dever de dar de comer a quem tem fome é, por conseguinte, prestar auxílio material aos que não possuem riquezas.

Esse dever pode ser cumprido de duas maneiras: pela esmola e pelo fomento ao trabalho.

Há irmãos nossos que não podem trabalhar: uns por enfermidades ou defeitos incuráveis, outros por terem chegado à velhice desprovidos de recursos. É natural que cada um de nós forneça uma pequenina parcela para que estes irmãos desamparados tenham assegurada sua subsistência; nisso consiste o óbolo fraterno ou esmola.

Sempre que possível, a esmola deve ser transformada em trabalho; porque a esmola mitiga a necessidade do momento, ao passo que o trabalho proporciona fartura e bem-estar permanentes.

Os ricos são os mordomos dos bens de Deus. E como mordomos fiéis que devem ser, cumprirão o dever de dar de comer a quem tem fome, fazendo com que sua riqueza seja fonte de trabalho honesto para todos os seus irmãos, de onde tirem o pão de cada dia.

PERGUNTAS

1 — *De onde concluímos que temos o dever de socorrer o nosso próximo?*
2 — *Como Deus ajuda o homem?*
3 — *Com que dever falta uma pessoa que, podendo, deixa de ajudar a outra?*
4 — *Como cumpriremos o nosso dever de dar de comer a quem tem fome?*
5 — *Como pode ser cumprido esse dever?*

6 — *O que é o óbolo fraterno?*
7 — *Sempre que possível, em que deve ser transformado o óbolo fraterno?*
8 — *O que são os ricos?*
9 — *O que os ricos devem fazer de sua riqueza?*

4ª Lição

Dar de beber a quem tem sede

Assim como dar de comer a quem tem fome significa o dever que temos para com Deus de prestarmos o auxílio material a nossos irmãos, dar de beber a quem tem sede significa o dever que temos para com Deus de prestar a nossos irmãos o auxílio moral, intelectual e espiritual.

O corpo reclama as coisas materiais. A alma anseia por satisfazer sua sede de saber. A alma necessita crescer, aproximar-se de Deus, tornar-se luminosa. E isso ela só o consegue moralizando-se, intelectualizando-se, espiritualizando-se.

Cumprindo nosso dever para com Deus de dar de beber a quem tem sede, devemos ensinar quem sabe menos do que nós, lutar com todas as nossas forças contra a ignorância em que jaz um incontável número de pessoas.

O auxílio moral que podemos prestar ao nosso próximo é guiá-lo pelo caminho do dever; ensiná-lo a corrigir seus erros; ampará-lo em suas fraquezas; reanimá-lo em seus desânimos; estender-lhe mão fraterna para levantá-lo quando cair moralmente.

O auxílio intelectual consiste em ensinar nosso próximo a desenvolver, a cultivar sua inteligência; pô-lo em contato com os bons livros, com o estudo, com as doutrinas sãs, despertando em sua alma o gosto pelas coisas sérias e elevadas da vida.

A espiritualização de nosso próximo é a parte que mais carinho nos deve merecer; ensiná-lo a ser bom, virtuoso, fraterno, temente a Deus. Nisso se resume o auxílio espiritual que lhe podemos prestar.

Dar de beber a quem tem sede é, portanto, o dever que temos para com Deus de saciar a sede de saber daqueles que sabem menos do que nós.

PERGUNTAS

1 — O que significa dar de beber a quem tem sede?
2 — Pelo que a alma anseia?
3 — Como a alma consegue se aproximar de Deus?
4 — Como cumpriremos nosso dever de dar de beber a quem tem sede?
5 — Qual o auxílio moral que podemos prestar ao nosso próximo?
6 — Em que consiste o auxílio intelectual?
7 — De que maneira espiritualizaremos o nosso próximo?

5ª Lição

Recolher os hóspedes

Vejamos como cumprir para com Deus o nosso dever de recolher os hóspedes.

Nosso lar não deve ser fechado pela porta escura do egoísmo, onde tenham acesso apenas os nossos familiares; mas deve ter suas portas abertas de par em par para todos aqueles que nelas baterem.

O irmão desamparado que procura acolher-se em nossa casa, até que lhe voltem as forças para prosseguir o seu caminho, deve ser tratado como o hóspede bem-amado, enviado por Deus.

O dever de recolher os hóspedes é o grande, o sublime dever da hospitalidade. E o cumprimento deste dever é tanto mais meritório quanto mais infortunado for o irmão a quem concedermos abrigo sob nosso teto.

Conquanto todo o desamparado que se nos apresentar necessite de nosso auxílio fraterno, há duas classes de hóspedes para com os quais é imprescindível que cumpramos nosso dever: a infância desamparada e os velhinhos sem arrimo.

A criança órfã é merecedora de que a recolhamos carinhosamente, dando-lhe o lar que lhe falta, onde possa preparar-se para a vida.

Os velhinhos sem arrimo precisam de um pouco de conforto para que não lhes seja penoso o fim da vida.

Promover, pois, a bênção de um lar para os desamparados de toda sorte é cumprirmos um de nossos sublimes deveres para com Deus.

PERGUNTAS

1 — Como devem ser as portas de nosso lar?
2 — Como deve ser tratado o irmão desamparado que bater à nossa porta?
3 — Em que consiste o dever da hospitalidade?
4 — Quando se torna mais meritório o cumprimento do dever da hospitalidade?
5 — Quais as duas classes de hóspedes que mais necessitam que cumpramos para com elas o nosso dever?
6 — Por que devemos amparar os órfãos?
7 — Por que devemos amparar os velhinhos sem arrimo?
8 — O que devemos dar à criança órfã?
9 — O que devemos dar aos velhinhos sem arrimo?

6ª Lição

Vestir os nus

Há irmãos nossos despidos de todas as virtudes; praticam o mal, entregam-se aos vícios e não demonstram sentimentos benévolos para com ninguém. Pelo contrário, comprazem-se em arruinar o corpo com os vícios e enegrecer a consciência com o crime.

Esses irmãos infelizes não podem ser desprezados por nós; são almas nuas que precisamos vestir.

Cumprindo, por conseguinte, nosso dever para com Deus de vestir os nus, procuraremos por todos os meios levar nosso auxílio moral aos transviados do caminho do bem.

É nosso dever estender-lhes nossa mão amiga e fraterna a fim de que se reabilitem, vestindo suas almas com a virtude.

Oportunidades de cumprir este dever não nos faltam. Um bom conselho, um bom exemplo, uma palavra carinhosa dita em tempo oportuno, tudo são maneiras de vestirmos os nus de virtudes, cumprindo, desse modo, nosso dever para com Deus.

PERGUNTAS

1 — Por que não podemos desprezar o irmão infeliz despido de virtudes?
2 — Como cumpriremos para com Deus o dever de vestir os nus?
3 — Como poderemos reabilitar o irmão transviado?
4 — Quais são as maneiras de vestir nossos irmãos transviados?

7ª Lição

Visitar os enfermos

É nosso dever visitar os enfermos. Não somente visitá-los, mas cercá-los de carinho e de conforto, para que possam suportar com resignação e coragem a áspera tribulação pela qual passam.

Cumprindo nosso dever para com Deus de visitar os enfermos, procuraremos, pelos meios ao nosso alcance, promover o socorro a eles. E não nos esqueçamos jamais do doente pobrezinho, sem recursos, o qual também necessita de nosso amparo material, além de nossas demonstrações fraternas.

A saúde é um dom precioso. É dever dos sãos concorrer para que recuperem a saúde os que a perderam.

Os momentos em que passamos à cabeceira do enfermo em palestra amiga, fortalecem-no moralmente. E esse fortalecimento se transforma em resignação, calma, coragem e paciência.

Há os doentes incuráveis, os quais precisam de nosso amparo durante a vida inteira. É nosso dever não deixar que lhes faltem os recursos materiais nem os morais.

Enfim, as visitas aos doentes são uma demonstração de fraternidade para com os que sofrem.

PERGUNTAS

1 — Por que temos o dever de visitar os enfermos?
2 — Como cumpriremos o dever de visitar os enfermos?
3 — Qual é o dever dos sãos?
4 — Para que servem os momentos em que passamos à cabeceira de um enfermo?
5 — Qual é o fortalecimento moral que levamos a um enfermo?
6 — Quais são os recursos que não devemos deixar faltar aos doentes?
7 — O que demonstram as nossas visitas aos enfermos?

8ª Lição

Visitar os encarcerados

Visitar os encarcerados é outro dever que temos para com Deus.

Os encarcerados são irmãos que, movidos por paixões inferiores, erraram dolorosamente; são doentes da alma. É preciso fazê-los recuperar a saúde moral. Se os deixarmos no esquecimento, faltar-lhes-á o estímulo para se reabilitarem. Nossa visita fraterna predispõe-lhes o ânimo para o bem e desperta neles o desejo de se regenerarem.

A palavra amiga, o conforto moral que lhes levamos com a nossa visita, estimula-os a que procedam melhor para o futuro. E nossa visita é um bálsamo salutar, um refrigério para suas consciências atribuladas.

Cumprindo o nosso dever de visitar os encarcerados, devemos ter sempre em vista combater a ignorância que campeia pelo mundo.

Já se disse e continuamente se repete que a ignorância é a geradora dos vícios e dos crimes.

Os vícios enfermam o corpo e contribuem com enorme porcentagem para encher os hospitais e os manicômios.
Os crimes enfermam a alma e enchem os cárceres.
Quando cumprimos, pois, nosso dever de combater a ignorância, contribuímos com nossa parcela de esforços para esvaziar os cárceres e diminuir de muito o número dos enfermos que demandam os hospitais.

PERGUNTAS

1 — Que espécie de doentes são os encarcerados?
2 — Que saúde precisam recuperar os encarcerados?
3 — Por que não devemos deixar no esquecimento os encarcerados?
4 — Qual o benefício que nossa visita proporciona aos encarcerados?
5 — O que devemos combater?
6 — A ignorância é gerada do quê?
7 — O que fazem os vícios?
8 — O que fazem os crimes?
9 — Por que devemos combater a ignorância?

9ª Lição

Adorar a Deus em espírito e verdade

É nosso dever adorar a Deus em espírito e verdade.

Adorá-lo em espírito, porque Deus não pode ser representado por estátuas ou por ídolos de qualquer espécie. Não é pelo fato de nós nos ajoelharmos diante de um ídolo ou de uma estátua que cumprimos o nosso dever de adorar a Deus. Isto se chama idolatria ou culto aos ídolos e não culto a Deus.

E adorar a Deus em verdade é cumprirmos todos os nossos deveres para com ele.

É do fundo de nosso coração que deve partir nossa adoração a Deus. Nosso pensamento puro, nossas palavras amigas, nossos atos bondosos, isso é que demonstra a nossa adoração a Deus em espírito.

Adora-se a Deus pelos atos, pelo perdão, pelo amor que se dedica aos semelhantes, e principalmente obedecendo-se à máxima evangélica: — Não fazer aos outros o que não se quer para si.

Não podemos adorar a Deus pelos lábios somente... De que nos adiantará trazermos constantemente o nome de Deus nos lábios se nossos atos não forem honestos? Assim procedendo, cairemos na hipocrisia, e não estaremos adorando a Deus em verdade.

PERGUNTAS

1 — Como devemos adorar a Deus?
2 — Como adoramos a Deus em espírito?
3 — Como adoramos a Deus em verdade?
4 — De onde deve partir a nossa adoração a Deus?
5 — O que demonstra a nossa adoração a Deus em espírito?

10ª Lição

Devotamento ao próximo

O devotamento ao próximo é um perpétuo cumprimento de nossos deveres para com Deus.
    Para nós nos devotarmos ao próximo, devemos combater o egoísmo.
    O egoísmo consiste em cuidar exclusivamente de nós, completamente esquecidos dos outros, e mesmo à custa deles.
    O indivíduo egoísta não se importa em semear ruínas, dores e aflições em seu caminho, contanto que seus interesses e desejos sejam satisfeitos.
    Enquanto formos egoístas, cumpriremos muito imperfeitamente nossos deveres para com Deus.
    Devemos ser altruístas.
    O altruísmo consiste em cuidarmos com atenção e carinho de nossos interesses de modo tal que nunca venhamos a causar o mais leve dissabor a quem quer que seja.
    O indivíduo altruísta procura por todos os meios promover a felicidade dos outros, mesmo que para isso tenha de sacrificar-se.

Quando todos nós formos altruístas, haverá grande felicidade, muita paz e muita tranqüilidade na Terra, porque nós nos devotaremos ao nosso próximo, e assim cumpriremos perfeitamente nossos deveres para com Deus.

PERGUNTAS

1 — *O que é o devotamento ao próximo?*
2 — *O que devemos combater para que possamos devotar-nos ao nosso próximo?*
3 — *Em que consiste o egoísmo?*
4 — *Como age o indivíduo egoísta?*
5 — *O que devemos ser?*
6 — *Em que consiste o altruísmo?*
7 — *Como age o indivíduo altruísta?*
8 — *Quando é que cumpriremos perfeitamente nossos deveres para com Deus?*
9 — *Quando todos formos altruístas, o que haverá na Terra?*

Deveres para com a pátria

1. Em que consiste a pátria.
2. O cidadão.
3. O governo.
4. O voto.
5. As leis.
6. Os impostos.
7. A liberdade do cidadão.
8. O respeito à propriedade.
9. A sociedade.
10. A solidariedade.

11ª Lição

A pátria

A pátria é a terra em que nascemos. Ao nascer já encontramos nossa pátria organizada com suas leis e instituições, oferecendo-nos seguro amparo para a vida.

A divisão do planeta em pátrias se processou pela necessidade de cada povo trabalhar em determinado setor de atividades humanas, promovendo e facilitando desse modo o progresso geral da humanidade e do planeta.

Para com a pátria, temos sagrados deveres a cumprir.

Do cumprimento de nossos deveres para com a pátria origina-se a sua grandeza.

Há uma promessa que todos devemos fazer à nossa pátria e cumpri-la; é a seguinte:

"Prometo, por toda a vida, amar e honrar a minha querida pátria e pugnar pelo seu engrandecimento com lealdade e perseverança."

Amar a pátria, eis o primeiro dever. E demonstramos nosso amor pela pátria trabalhando pelo seu progresso.

Honrar a pátria, eis o segundo dever. E honramos nossa pátria sendo cidadãos dignos, honestos, honrados e trabalhadores.

Nossa pátria deve ser acolhedora e fraterna para com os filhos de todas as outras pátrias.

Todas as pátrias são irmãs e cada uma delas abriga uma fração da grande família humana à qual todos nós pertencemos.

PERGUNTAS

1 — *O que é a pátria?*
2 — *Onde encontramos seguro amparo para a vida?*
3 — *De onde se origina a grandeza da pátria?*
4 — *Qual a promessa que devemos fazer à nossa pátria e cumpri-la?*
5 — *Como demonstraremos nosso amor para com a nossa pátria?*
6 — *Como honraremos a nossa pátria?*
7 — *Como deve ser a nossa pátria em relação aos filhos de outras pátrias?*
8 — *Por que todas as pátrias são irmãs?*
9 — *Por que o planeta está dividido em pátrias?*

12ª Lição

O cidadão

Nós somos os cidadãos de nossa pátria.
E para que honremos nossa pátria, devemos ser cidadãos de energia e de caráter.

A energia de um cidadão revela-se pela extrema dedicação ao trabalho, pelo seu constante desejo de progresso, pela perseverança em seus empreendimentos, pela tenacidade que não o deixa desencorajar nunca, por mais adversas que sejam as circunstâncias.

O caráter de um cidadão é demonstrado pelo seu amor ao bem, por seus atos honestos e por sua vida pura.

O cidadão de caráter jamais pratica um ato do qual possa vir a envergonhar-se; por isso está sempre com sua consciência tranqüila.

A energia e o caráter dos cidadãos fazem nascer a confiança nos altos destinos da pátria a que pertencem.

A energia é um poder que o cidadão desenvolve dentro de si, e o aplica em seu próprio benefício e no da pátria.

O caráter é o conjunto das boas qualidades de um cidadão, qualidades essas que ele aplica no rigoroso cumprimento de seus deveres.

O cidadão enérgico é calmo e ponderado; nada faz sem pensar e sem medir as conseqüências; daí lhe advém a humildade na vitória ou a resignação na derrota.

O cidadão de caráter tem sua vida pautada por rigorosa moralidade, jamais quebrando sua boa conduta.

É um dever para com nossa pátria sermos cidadãos enérgicos e de caráter.

PERGUNTAS

1 — O que somos nós na nossa pátria?
2 — Para honrar nossa pátria, que espécie de cidadãos devemos ser?
3 — O que revela a energia de um cidadão?
4 — O que demonstra o caráter de um cidadão?
5 — De onde se origina a confiança nos destinos da pátria?
6 — O que é a energia de um cidadão?
7 — O que é o caráter de um cidadão?
8 — Como é o cidadão enérgico?
9 — Como é o cidadão de caráter?

13ª Lição

O governo

O governo é um conjunto de pessoas às quais é confiada a administração da pátria. Este conjunto é composto desde o mais humilde empregado público até o supremo magistrado, que é o Presidente da República.

Assim, numa pátria há os governantes, isto é, os que a dirigem e administram. E os governados, que são os cidadãos.

É dever do governo zelar pelos bens da pátria, pelo seu desenvolvimento, pelas suas boas relações com as outras pátrias e pela felicidade dos cidadãos.

Cumprindo o dever de zelar pelos bens da pátria, os homens do governo devem administrá-los honestamente; porque os bens da pátria pertencem à coletividade dos cidadãos.

É dever dos homens do governo zelar pelo desenvolvimento da pátria, fazendo com que haja progresso material, moral, intelectual e espiritual em todos os seus setores.

Outro dever importante dos homens do governo é cuidar das boas relações entre nossa pátria e as outras. Resolverem pacificamente todas as questões que surgirem, para que a paz e a fraternidade reinem soberanas na face da Terra.

E, finalmente, é dever dos homens do governo promover a felicidade dos cidadãos zelando para que nada lhes falte.

Graves responsabilidades pesam nos ombros dos que governam. Desde o mais pequenino servidor público ao supremo magistrado, seus deveres são todos para com a coletividade.

E se todos cumprirem seus deveres, desempenhando-os com amor, carinho e honestidade, a pátria se engrandecerá e os cidadãos serão felizes.

Os governantes devem ser devotados até ao sacrifício aos interesses da pátria e, conseqüentemente, aos cidadãos.

Os cidadãos devem respeito e obediência ao governo.

O respeito traz dignidade aos governantes e aos governados; a obediência traz a ordem.

PERGUNTAS

1 — O que é o governo?

2 — Quem compõe o governo?

3 — Qual é o dever do governo?

4 — Como devem administrar os homens do governo?

5 — A quem pertencem os bens da pátria?

6 — Como devem ser resolvidas as questões que surgirem entre as pátrias?

7 — Os governantes devem ser devotados a quê?

8 — A quem os cidadãos devem respeito e obediência?

14ª Lição

O voto

O voto é o meio pelo qual o cidadão, elegendo os homens para os cargos governamentais, participa do governo de sua pátria.
Como cidadãos que somos, temos de cumprir o dever de votar.
Devemos votar sempre nos cidadãos cujo caráter seja uma garantia de que bem desempenharão os deveres dos cargos para os quais forem eleitos. Para isso, o nosso voto deve ser consciente. Não devemos deixar que uma falsa propaganda nos domine, mas devemos analisar as qualidades de cada candidato; verificar se ele reúne em si probabilidades de cumprir o que promete; estudar o seu programa para ver se é justo e de possível realização.
Por sua vez, o cidadão que se apresenta como candidato deve lembrar-se de que é seu dever não fazer promessas enganosas ou difíceis de cumprir. É preferível e mais honesto prometer pouco e realizá-lo do que prometer muito e não

realizar nada. Deve lembrar-se de que vai trabalhar para a pátria e para a coletividade dos cidadãos e, por isso, deve revestir-se do máximo devotamento ao bem público e de abnegação até ao sacrifício no cumprimento de seus deveres.

PERGUNTAS

1 — *O que é o voto?*
2 — *Como cidadãos que somos, qual o dever que temos de cumprir?*
3 — *Em quais cidadãos devemos votar?*
4 — *Como deve ser o nosso voto?*
5 — *Como devemos analisar o cidadão que se apresenta como candidato?*
6 — *Do que deve lembrar-se o cidadão que se apresenta como candidato?*

15ª Lição

As leis

Uma pátria é regida por leis.
As leis são os regulamentos emanados do poder legislativo, mediante os quais os cidadãos pautam sua conduta.

Para que haja ordem, progresso e tranqüilidade numa pátria é preciso que todos os seus filhos acatem as leis. Por conseguinte, devemos cumprir nosso dever de obedecer às leis de nossa pátria.

Diante da lei, todos os cidadãos são iguais; isto é, nenhum cidadão deve aproveitar-se de vantagens, títulos, fortuna ou quaisquer privilégios para burlar as leis mas, sim, submeter-se humildemente a elas.

Os cidadãos encarregados de elaborar as leis compõem o poder legislativo; eles devem zelar para que elas correspondam às necessidades reais da pátria. E os encarregados de aplicá-las devem zelar para que o sejam com justiça.

O cidadão dignifica-se pela observância das leis de sua pátria. E, à custa de qualquer sacrifício, devemos submeter-nos às leis, porque são a garantia de nossa liberdade e da justiça para com todos.

PERGUNTAS

1 — O que rege a pátria?
2 — O que são as leis?
3 — Por que os cidadãos devem acatar as leis?
4 — A lei faz distinção de pessoas?
5 — O que é o poder legislativo?
6 — A que devem corresponder as leis?
7 — Pelo que devem zelar os encarregados de aplicar as leis?
8 — O que dignifica um cidadão?
9 — O que nos garantem as leis?

16ª Lição

Os impostos

Para que o governo possa desempenhar suas funções, cada cidadão contribui com uma quantia. Essa contribuição chama-se imposto, e é arrecadada pelo governo por vários modos, atingindo todos os cidadãos.

O imposto se destina essencialmente a promover o bem-estar dos cidadãos de uma pátria. Com o imposto, o governo paga todas as obras públicas que beneficiam os cidadãos, mantendo não só o aparelhamento administrativo, como também desenvolvendo o progresso da pátria.

Devemos cumprir para com a pátria o nosso dever de pagar os impostos.

É dever do governo aplicar muito bem os impostos arrecadados. Os homens do governo devem lembrar-se de que o imposto é um depósito que os cidadãos lhes fazem, o qual deve reverter em reais benefícios para a coletividade. Devem ser econômicos para não fazer gastos exagerados; zelosos para bem aplicar o dinheiro da pátria; estudiosos dos problemas sociais para acudir às necessidades de todos os cidadãos; progressistas e de larga visão administrativa para que o desenvolvimento da pátria se processe em todos os setores.

PERGUNTAS

1 — *O que é o imposto?*
2 — *A que se destinam os impostos?*
3 — *Como o governo deve aplicar os impostos?*
4 — *Do que devem lembrar-se os homens do governo?*
5 — *Como devem ser os homens do governo para bem aplicar os impostos?*

17ª Lição

A liberdade do cidadão

Os cidadãos de uma pátria são livres.
O cidadão tem liberdade de pensamento, liberdade de expressão, liberdade de crenças e liberdade de associação.

Devemos cumprir para com a nossa pátria o dever de respeitar a liberdade de todos.

É nosso dever respeitar o pensamento dos outros, embora pensem de modo contrário ao nosso. Nem todos podem pensar como nós; e da diversidade de pensamentos origina-se o progresso.

Através de jornais, de revistas, de livros, do rádio, enfim, da palavra falada ou escrita, cada cidadão exprime o seu pensamento. É nosso dever respeitar a expressão do pensamento de quem quer que seja.

Há na face da Terra numerosas crenças, todas elas se esforçando por melhorar o lado moral de seus adeptos. É nosso dever respeitá-las.

Os cidadãos se reúnem para a consecução de um determinado fim. O que um não pode fazer sozinho, muitos reunidos o fazem facilmente, quer no terreno moral, quer no terreno material. Assim devemos cumprir para com a nossa pátria o dever de respeitar a liberdade de associação dos cidadãos.

O governo tem o dever de zelar para que todos os cidadãos cumpram o sagrado dever de respeitar a liberdade.

PERGUNTAS

1 — Quais as liberdades que tem um cidadão?
2 — Por que devemos respeitar o pensamento dos outros?
3 — Por que devemos respeitar a liberdade de expressão dos outros?
4 — Por que devemos respeitar todas as crenças?
5 — Para que se reúnem os cidadãos?
6 — Em relação à liberdade, qual o dever do governo?

18ª Lição

O respeito à propriedade

A propriedade é tudo aquilo que o cidadão possui. Desde o mais humilde cidadão de uma pátria ao mais elevado, todos são proprietários de alguma coisa. Alguns possuem muito; outros, pouco; outros, quase nada; mas todos possuem, isto é, são proprietários.

Cumprindo o nosso dever para com a pátria, respeitaremos a propriedade de quem quer que seja e seja ela qual for.

É nosso dever granjear nossos haveres por meio de um trabalho honesto e digno.

Sempre que conseguimos qualquer coisa, por mais insignificante que seja, por meios indignos de um cidadão de caráter, estamos faltando com o nosso dever de respeitar a propriedade alheia.

Do respeito à propriedade nascem a confiança recíproca, a boa vontade, a benquerença entre os cidadãos.

Para que reine a confiança entre os cidadãos de uma pátria é imprescindível que todos cumpram o dever de respeitar a propriedade uns dos outros.

PERGUNTAS

1 — O que é a propriedade?
2 — Todos somos proprietários?
3 — Por que temos o dever de respeitar a propriedade?
4 — Como devemos ganhar nossos haveres?
5 — O que se origina do respeito à propriedade?
6 — O que se faz necessário para que reine a confiança entre os cidadãos?

19ª Lição

A sociedade

Ao conjunto dos cidadãos de uma pátria dá-se o nome de sociedade.

O estado normal dos homens é viver em sociedade.

Para com a sociedade temos deveres a cumprir.

É nosso dever ser sociáveis, isto é, não viver segregados, alheios ao que se passa com relação à nossa pátria. Dentro do possível, devemos tomar parte em todos os empreendimentos úteis e nobres que visem o bem dos cidadãos e o desenvolvimento da pátria.

É nosso dever cooperar com todas as nossas forças para que a sociedade se aperfeiçoe. Pelo estudo, pelo trabalho, pela dedicação à pátria, pela aplicação sábia de nossos recursos, a sociedade se aperfeiçoa e a pátria se engrandece.

Devemos ser cidadãos disciplinados.

A disciplina é a nossa subordinação às leis que regem a sociedade.

A disciplina mantém os cidadãos unidos, fortalecendo, assim, a sociedade.

PERGUNTAS

1 — O que é a sociedade?
2 — Qual o estado normal dos homens?
3 — Quais os nossos deveres para com a sociedade?
4 — Qual a cooperação que podemos dar para que a sociedade se aperfeiçoe?
5 — Que espécie de cidadãos devemos ser?
6 — O que é a disciplina?
7 — O que faz a disciplina?

20ª Lição

A solidariedade

A solidariedade é a responsabilidade recíproca que têm os cidadãos nos interesses da pátria.
Para que a sociedade se mantenha coesa, é necessário que haja solidariedade entre os cidadãos.

A solidariedade é a força da pátria e uma garantia do progresso.

É nosso dever ser solidários uns com os outros.

Cumprindo o nosso dever de solidariedade, prestaremos o nosso auxílio a todos os cidadãos sempre que for necessário.

É, principalmente, na adversidade que se deve manifestar com mais força a solidariedade entre os cidadãos. Quando a pátria ou uma das regiões da pátria for ferida pela desgraça, então todos os cidadãos, unidos, correrão em socorro dos que foram atingidos pela calamidade.

A Terra é dividida em pátrias. Cada pátria possui seus cidadãos, seu governo, suas leis e costumes próprios. Contudo, os cidadãos de todas as pátrias do mundo pertencem a um só organismo, que é a humanidade. Por conseguinte, todos os cidadãos do mundo, pertençam a que pátria pertencerem, são irmãos.

As pátrias, conquanto possuam fronteiras, formam um bloco só, que é o planeta Terra. Portanto, todas as pátrias são irmãs. Além do sentimento de solidariedade que deve reinar entre todas as pátrias, há um outro sentimento que deve reinar no coração de todos os cidadãos de todas as pátrias do mundo: o sentimento de fraternidade.

Eis o grande, o belo ideal a que todos os corações bem formados do mundo devem dedicar o melhor de seus esforços: desenvolver a fraternidade universal. Lutar para que desapareçam todas as causas de separatismo entre os homens; lutar para que todos nós nos sintamos irmãos; lutar para que a qualquer pátria a que formos lá encontremos irmãos que nos amem, que nos estimem, que nos estendam mão amiga, em nome de Deus, pai comum de toda a humanidade.

PERGUNTAS

1 — O que é a solidariedade?
2 — O que faz com que a sociedade se mantenha coesa?
3 — A solidariedade é a força que garante o quê?
4 — Como cumpriremos o nosso dever de solidariedade?

5 — Quando é que deve manifestar-se com mais força o dever de solidariedade?

6 — A que organismo pertencem todos os cidadãos das pátrias do mundo?

7 — Por que todas as pátrias são irmãs?

8 — Qual o grande e belo ideal a que todos os cidadãos do mundo devem se dedicar?

Deveres para com a família

1. Em que consiste a família.
2. O lar.
3. O casamento.
4. Deveres dos cônjuges.
5. O pai e a mãe.
6. Deveres dos filhos.
7. Deveres fraternos.
8. A harmonia familiar.
9. A escola.
10. A religião.

21ª Lição

A família

Nós todos fazemos parte de uma família.

A família é uma sociedade entre pai, mãe e filhos para realizarem o ideal comum da educação.

As bases da família assentam-se no sentimento mais profundo que há na natureza humana, que é o Amor.

O primeiro de todos os nossos deveres para com a família é o nosso dever de amá-la.

O sentimento de solidariedade deve reinar soberano entre os membros de uma família. Solidariedade na prosperidade e na adversidade.

É dever dos membros de uma família auxiliarem-se mutuamente.

A família é uma instituição santa. Altos desígnios de Deus presidem à formação de uma família.

Outro grande dever que devemos cumprir para com a família é o de respeitá-la profundamente.

É no seio da família que nascem todas as formas da simpatia e do amor.

É dever de todos os membros de uma família amarem-se muito uns aos outros.

PERGUNTAS

1 — Do que nós todos fazemos parte?
2 — O que é a família?
3 — Em que se assentam as bases da família?
4 — Qual o nosso primeiro dever para com a família?
5 — Qual o sentimento que deve reinar entre os membros de uma família?
6 — O que nasce no seio da família?

22ª Lição

O lar

O lar é a casa onde moramos com o conjunto das coisas necessárias à vida da família.

Para que um lar seja verdadeiramente um lar, os membros da família precisam encontrar dentro dele o conforto moral, o carinho, a amizade e a boa vontade entre todos.

O lar é o lugar bendito onde refazemos nossas forças para a luta de cada dia.

Para com o lar temos deveres a cumprir.

É nosso dever tornar o nosso lar próspero, tranqüilo e hospitaleiro.

Cumprindo nosso dever de tornar o nosso lar próspero, trabalharemos infatigavelmente para que nada lhe falte. É dever de todos os membros da família concorrer para a prosperidade do lar, cada um na medida de suas forças.

Manter a tranqüilidade do lar é outro grande dever que temos de cumprir. Não devemos permitir que lutas, paixões, querelas, nervosismos, discussões, cruzem as portas de nosso lar.

É em nosso lar que cumprimos o dever da hospitalidade. Nosso lar deve ser acolhedor; que suave fraternidade transborde de suas portas, amparando a todos os que nela baterem.

PERGUNTAS

1 — O que é o lar?
2 — O que é preciso para que um lar seja verdadeiramente um lar?
3 — Em que lugar refazemos as forças para o trabalho?
4 — Quais os nossos deveres para com o lar?
5 — Como tornaremos o nosso lar próspero?
6 — Como manteremos a tranqüilidade do lar?
7 — Como cumpriremos o dever da hospitalidade?

23ª Lição

O casamento

A família nasce da união de duas pessoas de sexos diferentes, as quais são chamadas cônjuges, isto é, marido e mulher. Unem-se pelo casamento para a vida toda, que passam a viver juntos; em seguida, vêm os filhos.

O casamento é um vínculo indissolúvel. Assim sendo, o primeiro dever de cada um dos cônjuges, antes de se casarem, é pensar muito bem na grande responsabilidade que o casamento lhes acarreta.

O casamento não é um fardo que se atira à beira da estrada à hora em que se quer, mas um compromisso sagrado, que devemos manter até o fim, mesmo à custa de árduos sacrifícios.

É dever daqueles que desejam fundar o seu lar analisar muito bem os seus sentimentos para se certificarem se de fato vão unir-se por um amor sincero. Porque um lar deve ser fundado unicamente nas bases do Amor. Qualquer outro sentimento que não seja o do Amor mútuo não trará felicidade ao lar.

A felicidade de metade do gênero humano está nas mãos da outra metade; isto é, a felicidade do homem está nas mãos da mulher e a felicidade da mulher está nas mãos do homem. Pelo casamento, unem-se os dois para realizar a felicidade comum.

PERGUNTAS

1 — Do que nasce a família?
2 — O que é o casamento?
3 — Qual é o primeiro dever de cada um dos cônjuges?
4 — Que compromisso é o casamento?
5 — Qual o dever daqueles que desejam fundar um lar?
6 — Qual o sentimento que trará felicidade aos cônjuges?
7 — Por que a felicidade do homem está nas mãos da mulher e a da mulher nas mãos do homem?

24ª Lição

Deveres dos cônjuges

Os cônjuges têm deveres recíprocos a cumprir. O primeiro de todos os deveres dos cônjuges é viverem para o lar com todo o coração e com toda a alma.

A direção do lar deve caber ao cônjuge mais adiantado, não importa que seja o marido ou a mulher. Contudo, as decisões devem ser tomadas de comum acordo. Os problemas do lar devem ser resolvidos com a colaboração dos dois cônjuges; a opinião mais sensata é a que deve prevalecer, seja ela a do marido ou seja a da mulher.

Os arranjos do lar cabem à mulher. Ao homem toca o trabalho produtivo, que carreia para o lar os recursos para a subsistência.

Num lar não deve reinar a avareza, nem predominar o esbanjamento; mas a previdência sem exageros deve presidir à economia doméstica.

Uma afeição mútua e sincera deve ligar os cônjuges. O amor do noivado deve ser paulatinamente substituído pelo amor conjugal, que nada mais é do que uma doce e terna amizade. O amor conjugal alimenta-se de concessões mútuas, de tolerância e de fraternidade.

O homem deve lembrar-se de que sua esposa é a sua melhor e mais sincera amiga; e a mulher, por sua vez, não se esquecerá de que seu esposo é o seu amigo insubstituível, ao qual deve animar em seus trabalhos, encorajar em suas realizações.

Os cônjuges devem-se fidelidade recíproca. A fidelidade absoluta é um dever imperioso, não só para a mulher como também para o homem. A moralidade do lar repousa na fidelidade dos cônjuges, de um para com o outro.

É dever da mulher desenvolver dentro do lar o sentimento, o carinho e a ternura, no que o homem tem o dever de cooperar.

Entre os cônjuges deve haver muita compreensão. A boa compreensão entre marido e mulher é um dos mais fortes esteios da felicidade do lar.

PERGUNTAS

1 — Qual o primeiro dever dos cônjuges?
2 — A quem deve caber a direção do lar?
3 — Como devem ser tomadas as decisões?
4 — Qual a opinião que deve prevalecer?
5 — A quem cabe o arranjo do lar?

6 — Quem providencia recursos para o lar?
7 — O que não deve reinar nem predominar num lar?
8 — O que deve presidir à economia doméstica?
9 — O que deve ligar os cônjuges?
10 — Pelo que deve ser substituído o amor do noivado?
11 — O que é o amor conjugal?
12 — Do que se alimenta o amor conjugal?
13 — Qual é a mais sincera amiga do marido?
14 — Qual o amigo insubstituível da esposa?
15 — Quem deve encorajar o marido?
16 — O que se devem reciprocamente os cônjuges?
17 — O que é a fidelidade?
18 — Em que repousa a moralidade do lar?
19 — O que a mulher deve desenvolver dentro do lar?
20 — O que deve haver entre os cônjuges?
21 — Qual é um dos mais fortes esteios da felicidade de um lar?

25ª Lição

O pai e a mãe

Quando chegam os filhos, os cônjuges tornam-se pai e mãe; e novos deveres os aguardam.

Os pais têm o dever de manter os filhos, até que estes possam manter-se por si próprios.

É dever dos pais educar os filhos, preparando-os para a vida.

A educação que os pais devem dar aos filhos divide-se em três partes: a educação moral, a educação intelectual e a educação material.

A educação moral consiste em ensiná-los a serem homens de bem, virtuosos e cumpridores de seus deveres para com Deus, para com a pátria e para com a família. Esta educação os filhos a recebem em casa, junto dos pais. É dever da mãe educar o sentimento dos filhos; e o dever do pai é formar-lhes um bom caráter. A educação moral tem por finalidade eliminar as más tendências e cultivar as boas.

A educação intelectual consiste em os pais facilitarem tudo para que os filhos recebam a instrução. A instrução recebe-se na escola; é obra do professor. É dever dos pais colaborar com os professores de seus filhos, tudo fazendo para que seus filhos sejam alunos aplicados.

A educação material consiste em os pais darem aos filhos uma profissão ou um ofício, com o qual ganhem honestamente o pão de cada dia. O trabalho é um dever social, e é dever dos pais desenvolver em seus filhos o amor ao trabalho.

PERGUNTAS

1 — Quais são os deveres dos pais?
2 — Como se divide a educação que os pais devem dar aos filhos?
3 — Em que consiste a educação moral?
4 — Onde se recebe a educação moral?
5 — Em que consiste a educação intelectual?
6 — Onde se recebe a educação intelectual?
7 — Em que consiste a educação material?
8 — Qual dever é o trabalho?

26ª Lição

Deveres dos filhos

Como filhos que somos temos sagrados deveres a cumprir para com nossos pais.
É nosso dever sermos filhos obedientes.
A obediência é o respeito interior e exterior que devemos manter para com nossos pais em todas as situações da vida. É um ato de reconhecimento e de gratidão de nós, filhos, para com nossos pais.
É nosso dever socorrer nossos pais na doença, proporcionando-lhes os recursos que estiverem ao nosso alcance.
É nosso dever assistir a nossos pais no sofrimento e na adversidade, estando ao lado deles, confortando-os com o nosso amor, por mais difíceis que sejam as circunstâncias.
É nosso dever amparar nossos pais na velhice, fazendo por eles aquilo que eles fizeram por nós, quando nos faltavam as forças.
É nosso dever honrar o nome que recebemos de nossos pais, não o manchando nunca, nem mesmo por uma simples

ação má; mas devemos engrandecê-lo sempre pela retidão de nossa vida.

Enquanto estivermos morando com nossos pais, é nosso dever ajudá-los na manutenção do lar. E quando fundarmos nosso próprio lar, nosso auxílio não lhes deve faltar nas ocasiões necessárias.

PERGUNTAS

1 — O que é a obediência?
2 — Na doença, como devemos proceder para com nossos pais?
3 — No sofrimento e na adversidade, qual deve ser o nosso procedimento para com nossos pais?
4 — Na velhice, qual deve ser o nosso procedimento para com nossos pais?
5 — Como devemos manter o nome que nossos pais nos deram?
6 — Como devemos proceder enquanto estivermos morando com nossos pais?
7 — Como devemos proceder para com nossos pais depois de termos fundado o nosso próprio lar?

27ª Lição

Deveres fraternos

Depois dos deveres que devemos cumprir para com nossos pais, temos de cumprir também os deveres fraternos.

Os deveres fraternos nós devemos cumpri-los para com nossos irmãos e para com nossos parentes.

O primeiro dos deveres fraternos é o auxílio mútuo que se devem os irmãos.

Os irmãos mais velhos têm o dever de zelar pelos irmãos mais moços e, sempre que necessário, substituir os pais nessa tarefa.

A mais sincera amizade deve existir entre os irmãos, que devem perdoar-se mutuamente as faltas.

Em seguida, temos os nossos parentes; já que a eles estamos ligados pelo sangue, que nos ligue a eles também o nosso coração.

É dever dos parentes estimarem-se e socorrerem-se uns aos outros; confortarem-se no sofrimento; ampararem-se na adversidade e tudo fazer para o engrandecimento e o bom nome da família.

PERGUNTAS

1 — *Quais são os deveres que vêm depois dos deveres para com os pais?*
2 — *Para com quem cumpriremos nossos deveres fraternos?*
3 — *Qual o primeiro dever fraterno?*
4 — *Quais os deveres dos irmãos mais velhos?*
5 — *O que deve existir entre os irmãos?*
6 — *Quais as pessoas que vêm depois dos irmãos?*
7 — *Quais os deveres dos parentes?*

28ª Lição

A harmonia familiar

É nosso dever manter a harmonia familiar para que reine a felicidade no lar.

Um lar sem harmonia não é um lar feliz; dele desaparecem o respeito entre os cônjuges e o amor dos filhos para com os pais.

A harmonia familiar é conseguida pela boa vontade, pela compreensão e pela tolerância.

Os cônjuges devem cultivar a boa vontade entre si. Os encargos do lar são pesados, mas serão suportados facilmente quando há boa vontade entre o marido e a mulher.

A compreensão é outra grande virtude que os cônjuges devem cultivar. O esposo deve esforçar-se por compreender a esposa; e esta, o esposo.

Cumprindo o dever de compreensão mútua, os cônjuges procurarão sempre analisar juntos os problemas que se apresentarem na família e de comum acordo os resolverão.

A tolerância é outro dever dos cônjuges. Depois do casamento, na vida que passam a viver em comum, é que aparecem os defeitos e as boas qualidades de cada um dos cônjuges. Conquanto um deva tolerar os defeitos do outro, essa tolerância não deve ser uma tolerância passiva; porém o marido, amorosa e pacientemente, corrigirá os defeitos da esposa; e esta, os do esposo.

A compreensão mútua muito auxiliará os esposos a corrigir seus defeitos e a realçar suas boas qualidades.

Os esposos devem lembrar-se de que são companheiros necessários um ao outro, e por isso não devem tornar-se tiranos dentro do lar. Os deveres a cumprir são iguais e os dois precisam empregar o máximo de seus esforços para bem cumpri-los.

Do bom cumprimento dos deveres dos cônjuges nasce a harmonia do lar, a qual é uma das bases em que repousa a felicidade da família.

PERGUNTAS

1 — Quando não há harmonia num lar, o que desaparece dele?
2 — Como se consegue a harmonia no lar?
3 — Em que consiste a boa vontade entre os cônjuges?
4 — O que é a compreensão entre os cônjuges?
5 — Como os esposos cumprirão o dever de compreensão mútua?
6 — Como se compreende a tolerância entre os cônjuges?
7 — Como os cônjuges devem corrigir os defeitos um do outro?
8 — Por que nenhum dos cônjuges deve tornar-se tirano dentro do lar?

29ª Lição

A escola

A escola é um prolongamento do lar; é o primeiro contato que a criança tem com o mundo; nela acaba de formar-se o cidadão.

É dever dos pais despertar desde cedo em seus filhos o amor pela escola, o gosto pelo estudo, o respeito ao professor.

No lar, os filhos recebem a educação; na escola, a instrução. Mas não é só a instrução que os filhos recebem na escola; o professor também corrige as falhas da educação que lhes deram os pais. Daí decorre um outro grande dever dos pais: o dever de colaborar com o professor de seus filhos no aperfeiçoamento do caráter deles.

É dever dos pais interessar-se pela vida escolar de seus filhos, procurando saber sempre como se comportam na escola, se são aplicados e quais os defeitos notados pelo professor. Assim, poderão corrigir no lar o que foi começado na escola.

Os pais se compenetrarão de que o professor não é um pajem de seus filhos, mas um educador e um guia; por isso, devem procurá-lo freqüentemente para que a obra da educação seja perfeita.

PERGUNTAS

1 — *O que é a escola?*
2 — *Quais os deveres dos pais em relação à escola?*
3 — *O que os filhos recebem na escola?*
4 — *Por que os pais devem interessar-se pela vida escolar de seus filhos?*
5 — *Qual o papel do professor em auxiliar os pais na educação dos filhos?*
6 — *O que é o professor?*

30ª Lição

A religião

É dever dos pais cultivar uma religião dentro do lar.
A religião moraliza a família, ensinando-a a ser fiel a Deus, à pátria e a si mesma.
A religião é amparo seguro no sofrimento e fonte de humildade na prosperidade.
É dever dos pais tratar cuidadosamente da educação religiosa de seus filhos. O primeiro passo a ser dado nesse sentido é a harmonia religiosa entre marido e mulher. Num lar deve existir uma única religião, e esta deve ser escolhida entre as mais adiantadas.
Cuidando da educação religiosa de seus filhos, os pais terão o cuidado de repelir de seu lar as religiões dogmáticas. O dogma conduz à ignorância, ao fanatismo, à superstição e à hipocrisia.
Os pais deverão analisar as religiões antes de introduzi-las em seu lar e aceitar aquela que obedecer aos seguintes pontos:

1º — Respeito absoluto a Deus, criador do Universo.
2º — A lei da evolução; tudo marcha para um fim superior, tudo se transforma e se aperfeiçoa.
3º — A imortalidade da alma; a lei da reencarnação, por intermédio da qual a alma progride incessantemente, aproximando-se cada vez mais de Deus.
4º — O livre-arbítrio, que torna cada indivíduo plenamente responsável por seus mínimos atos, cujas conseqüências terá de suportar.
5º — A fraternidade que deve unir todos os habitantes da Terra.
6º — Que não há infernos de padecimentos eternos, nem paraísos impossíveis de serem atingidos.
7º — O bem como lei suprema do Universo.
8º — O cumprimento do DEVER como fonte suprema de felicidade.

PERGUNTAS

1 — Por que deve haver uma religião dentro do lar?
2 — O que é a religião?
3 — Por que deve haver harmonia de vistas religiosas entre marido e mulher?
4 — Por que os pais devem repelir as religiões dogmáticas?
5 — Quais os pontos essenciais de uma religião progressista e que liberta a alma?